———————— 阅读之前 没有真相

午 夜 文 库

关于作者：

（法）安娜 · 马丁内蒂 Anne Martinetti
资深文学及电影类编辑，在法国一家主营犯罪小说的出版社担任编辑部主任，曾负责阿加莎·克里斯蒂系列图书的出版。业余时间她也从事创作，著有多本烹饪书和伦敦旅行指南。

（法）纪尧姆 · 勒博 Guillaume Lebeau
作家，作品以犯罪类为主，屡获奖项。曾参与撰写多位法国犯罪小说作家的传记，大多为绘本形式。纪尧姆与安娜是好朋友，两人一起创作了一本烹饪书。

（法）亚历山大 · 弗朗 Alexandre Franc
出生于法国里昂，现居巴黎。亚历山大已创作出版多部绘本，部分是与其他艺术家合作完成的。除此之外，他还为面向青少年的教育类期刊绘制插图，并涉足媒体行业。

小说家
妻子
护士
旅行家
母亲
考古学家
剧作家
女爵士

探索阿加莎·克里斯蒂这位时髦女郎的真实人生。

LA VRAIE VIE D'AGATHA CHRISTIE
Anne Martinetti - Guillaume Lebeau - Alexandre Franc

阿加莎·克里斯蒂的真实人生

（法）安娜·马丁内蒂　（法）纪尧姆·勒博 著　（法）亚历山大·弗朗 绘

程卓　张园园 译

新星出版社　NEW STAR PRESS

伦敦 1926年12月7日

① Edgar Wallace（1875–1932），英国犯罪小说作家、编剧、制作人、导演。是电影《金刚》的编剧。

② Dorothy Leigh Sayers（1893–1957），英国侦探俱乐部奠基人之一，侦探小说大师，塑造了贵族侦探温西勋爵。

天鹅水疗酒店
哈罗盖特 1926年12月4日

我把车扔在萨里郡的一条河边。

然后，我在附近的西克兰顿火车站搭上了一趟去伦敦的火车。

我和我的好朋友楠见了面，她帮我做收尾工作。
今天早晨我又从国王十字出发去哈罗盖特。

你的行为就像你笔下的某个人物。你还是忍不住把你的生活变成了小说……

哦，你这话说的，好像你还活在我写的书本之外似的！

我问你，你是不是精神快要崩溃了？这可以理解。你的母亲死于支气管炎，而你那个朝三暮四的丈夫——

别说了！走开！

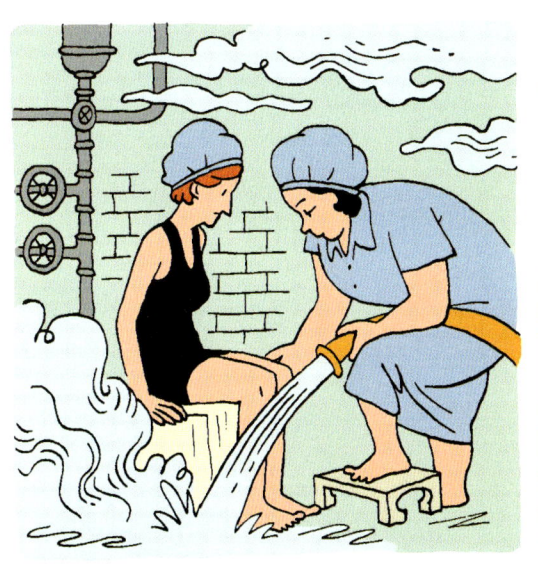

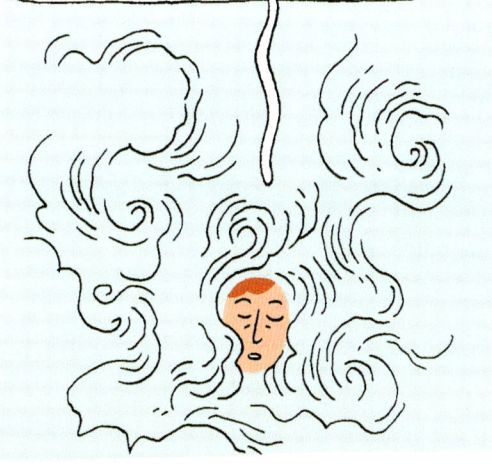

伦敦 1926年12月12日 星期日

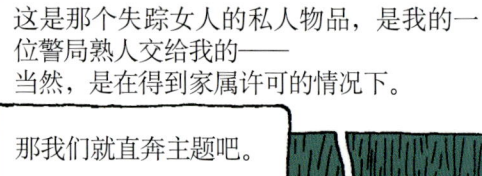

① Cottingley Fairies，一九一七年，英国小镇柯亭立居民赖特先生在冲洗自己十六岁的女儿与其十岁的表妹在屋后小树林里拍摄的照片时，惊讶地发现了几张精灵和仙子围绕着她们的照片。这一事件引发了很多人的兴趣，甚至包括柯南·道尔。直到一九八一年，姐妹俩才承认这些照片是她们搞的恶作剧。

伊灵 1901 年 11 月

都结束了。

我的宝贝,我太伤心了……

阿什菲尔德家中 1908年冬

埃及 1910-1911 年冬

盖兹拉宫

英格兰乡村 1911 年 5 月 10 日

① Alberto Santos-Dumont 1873—1932，世界上第一架超轻型飞机的设计制造者。

我在巴黎上学那会儿，就见过阿尔贝托·桑托斯·杜蒙①在布洛涅森林公园表演试飞。

如果很快就撞毁了，那起飞还有什么意义？

哦，妈妈，我可以去坐一次吗？

可不便宜啊，宝贝！
你真的想坐一坐那些新发明吗？

不止坐一坐！我还想飞上天！

1 镑
飞一次

看上去挺恐怖的。但我若剪断了女儿的翅膀，还算是个好母亲吗？

谢谢你，妈妈！

您也是一名好士兵吗?

我通过了伍尔维奇皇家军事学院的入学考试,一九〇九年七月晋升为皇家炮兵队的中尉。但是说实话,待在驻防军里是没有未来的。飞行才是真正让我着迷的事情。

不瞒您说,我之前有过第一次飞行经历。真是太刺激了!

不只是刺激!

我刚在布里斯托完成了飞行员课程。七月六号第一次独自飞行,我一个人飞了差不多半个小时呢!

太棒了!

亲爱的阿加莎,那可是最纯粹的自由啊!七月中旬,我驾驶布里斯托双翼飞机取得了皇家航空俱乐部的证书。现在,我正等着加入皇家飞行团。

我还能再见到您吗?

谁知道呢?

阿什菲尔德 1919 年 8 月 5 日

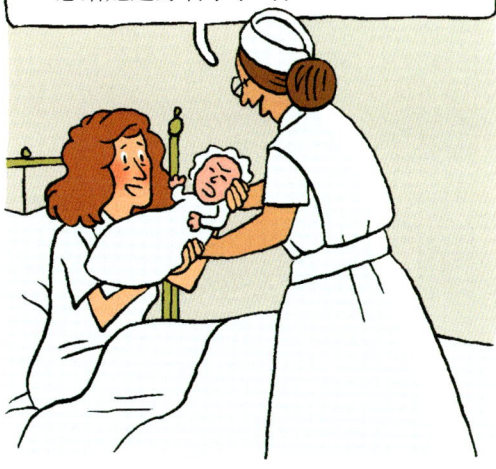

博得利·黑德出版社 伦敦 1919 年

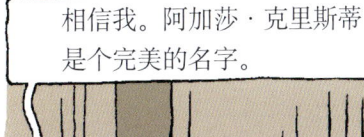

东克罗伊登 1922 年

亲爱的妈妈,
我收到越来越多《暗藏杀机》的评论。这里的一切都很美好,除了贝尔彻少校,他越发令人讨厌了,实在不是个好旅伴。

旅途越发精彩纷呈了。少校坚持要当我接下来的某本书中的凶手,我快要放弃抵抗了。
爱你的,
　　　　　　　　　　　　　　　　阿加莎

7月 新西兰 罗托鲁瓦

亲爱的妈妈,
罗莎琳德三岁了,我们现在在火奴鲁鲁,这里和我想象中的一模一样。我们是一大早到的……的士沿着一条两边种着棕榈树和美丽鲜花的大道一路行驶,树篱上爬满红色、粉色和白色的木槿……至于酒店,就是一座宫殿,坐落在水上……

8月 夏威夷

夏威夷人站在巨大的木板上,任凭海浪将他们从礁石冲向岸边。我也在尝试这个叫做"冲浪"的运动……

给你我的拥抱和吻,阿加莎

1923年 伦敦 切尔西

哦，旅行生活啊！

不受数不清的蜘蛛网和线头拘束的生活，也不必每天被裹在日常家庭生活的茧里：要付的账单、要做的家务、要缝的衣服，要抚慰的奶妈和仆人……

但能见到罗莎琳德，你还是很高兴的吧，是不是？

是啊，我可想她了！

我觉得比起我来，她更喜欢她爸爸……

她长得确实像他。

我们要从贝特希公园搬走了，搬去伦敦城以外的森尼代尔，那儿离一处高尔夫球场很近。

阿尔奇肯定很高兴吧。

他最近和我有些疏远。他是被工作占满了。

楠，你觉得离婚是有办法避免的吗？

我和雨果分开的时候可从来没问过自己这个问题。你是不是觉得阿尔奇出轨了？

我只是觉得我们的婚姻正在分崩离析……

往好的一面看吧，阿加莎。你的小说一鸣惊人啊！

我雇了一位新经纪人，是个非常优秀的年轻小伙子，叫埃德蒙·科克。出版社有点吝啬，他会帮我洽谈条件更好的合同。但让我烦恼的是，我想不到点子了。

你？想不到点子？得了吧！你总在你的小本子上写写画画，记下点子……

阿什菲尔德 1926年冬

伦敦 1928年秋

乌尔城挖掘现场 伊拉克 1930 年

尽管天这么热,我们还是情不自禁地被吸引了。纳杰夫的墓地,卡尔巴拉的清真寺和它的圆顶……

伊拉克是现代文明的发源地。只是被太多人遗忘了。

还有沙漠!一片梦想的沙地!

人人都做梦,但他们的梦不一样。
那些夜里在脏兮兮的脑袋瓜里做梦的人,
白天一觉醒来发现不过是虚幻一场;
要小心那些在白天做梦的人,
因为他们会睁大眼睛做梦,
用行动让梦想变成现实。

您喜欢 T.E. 劳伦斯①吗?

我床前就摆着他那本《智慧的七柱》。

真好!

①托马斯·爱德华·劳伦斯,人们所熟知的"阿拉伯的劳伦斯"。

这里简直是天堂!

我可以问您一个大胆的问题吗?

当然可以!

您的梦想是什么?

我的梦想是自由……

米兰 1930 年

阿什菲尔德 1930 年

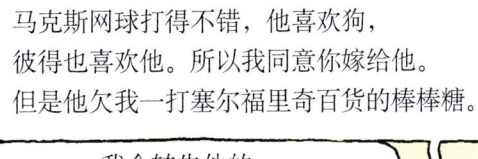

乌尔 1931 年春

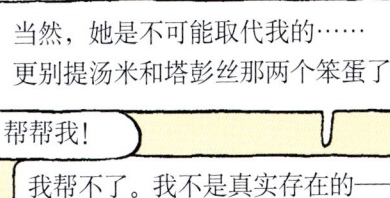

1931 年 12 月

开罗 1933 年

查加尔·巴扎尔古墓 叙利亚 1935 年

博格岛 1938 年夏

达特河畔 距托基九英里 1938 年 12 月

1945 年

四年前：布莱尼姆宫 军情五处总部 伍德斯托克 1941年11月

先生们，我们有麻烦了。

小说家阿加莎·克里斯蒂新出了一本小说，名叫《桑苏西来客》，书里有一个叫布莱奇利德的前印度军官，他声称自己掌握了英国的军事机密！

您可不能怀疑加莎·克里斯蒂犯了叛国罪啊！

阿尔弗雷德，您是我们最棒的解码专家，我们也知道您和她是朋友。您有没有向她透露过什么？

绝对没有！

我们希望您能找个巧妙的方式，问问她是不是对我们在布莱切利公园的译码活动有所了解。要想破译德国人的恩尼格玛密码，我们最好谨慎行事。

纳普山 白金汉郡
阿尔弗雷德·迪尔文·诺克斯的家

这司康饼真是好吃极了，真棒！

对了，我一直想问您一件事来着。您是怎么想到《桑苏西来客》里布莱奇利德少校那个角色的？

哦，说起来真傻。有天我坐在牛津到伦敦的火车上，车子在布莱奇利德停住不走了，出于报复，我就把这个名字给了我的一个角色。

英国广播公司录播间 伦敦 1947 年 5 月 30 日

很好，马丁。巴里·摩尔斯的声音和我想象中的贾尔斯·戴维斯简直如出一辙。

没错，我想玛丽王太后会很满意的。

英国广播公司的总监问王太后八十大寿那天想听些什么时，王太后说想听您写的故事。

我还是不敢相信这是真的！

是大卫·奥尼尔的死在一九四五年给了我创作这篇小品文的灵感，那个被养父母虐待的年轻人。

这个故事很有开发潜力。

也许我可以把这个故事写完……或者写一部三幕惊悚剧！但那就需要多增加几个角色，要构建更完整的故事背景，然后慢慢推进到高潮……

十分期待！

我希望您能继续使用《三只瞎老鼠》这个名字……能让人想到将老鼠们一网打尽的陷阱！

星期四，1953年7月16日

文坛消息
艺术与科学版

"考古学家是发掘古文物的侦探"
——阿加莎·克里斯蒂

安德烈·帕拉

……阿加莎·克里斯蒂是考古学家？作为世界上最知名的女作家之一，她还有不为人知的一面，意想不到却又千真万确。……如果我们根据其作品描绘一副作者肖像，我想人们都会认为这位伟大的女士拥有一头润滑般的秀发、天鹅绒般的眼睛和异常柔软的嘴唇——尽管鲜少耳闻阿加莎女士迷人的女中音，但时不时能从简短的点评里听到爽朗的笑声。她是一个编织故事情节的女巫，答案要在她的帮助下，在故事的最后揭晓。

……初次到达乌尔城后不久，彼时已成为马洛温太太的阿加莎·克里斯蒂就在尼尼微遗址展开了考古工作。当我指出这段考古经历势必对她的事业产生重大的影响时，她不假思索地答道："全然不会，因为考古学家是发掘古文物的侦探。"

"但已经过去四千多年了，搜查工作一定十分复杂。"

"确实，但考古和破案所需的技术是相似的。两者都需要细致入微地观察和全局意识。我的丈夫叫我边行走边注意脚下，因为考古学家就是这样收集碎片的。"

"而这也是您追踪凶手留下的痕迹的方法……"

F.L. 马洛温和同事

佩里戈尔烧烤餐厅 巴黎 1955 年 11 月

科罗拉多 美国 1956 年 5 月

洛杉矶

文特布鲁克庄园 乔尔西附近 牛津郡 1961 年 8 月

你在忙些什么?

比利·柯林斯非常喜欢《灰马酒店》,这个影射伏都教的荒诞故事。他打算今年出版。我目前正在写两部独幕剧,不过我没那么喜欢。

奥利弗太太会不会在《灰马酒店》里出现?

会,怎么啦?

因为这个作家角色很像你。你应该将她和她的芬兰侦探① 写成小说——他叫什么来着?

①这个侦探是阿加莎笔下的人物奥利弗太太笔下的虚构人物,曾出现在《底牌》一书中。

斯文·海尔森。

我的时间已经被比利时侦探占满了。

这样兴许能让你摆脱他。

不可能的。波洛和阿里阿德涅·奥利弗黏得像盗贼一样紧!

如果那个可恶的波洛是个真实存在的人物的话,我们可就得天天吃方形脆饼了。②

②波洛喜欢事物都规规矩矩的,公寓里的家具都是棱角分明的方形,恨不得鸡蛋都是方的。

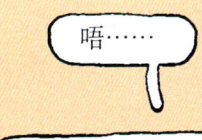

文特布鲁克庄园 1965 年 10 月 11 日

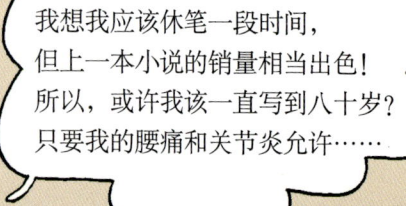

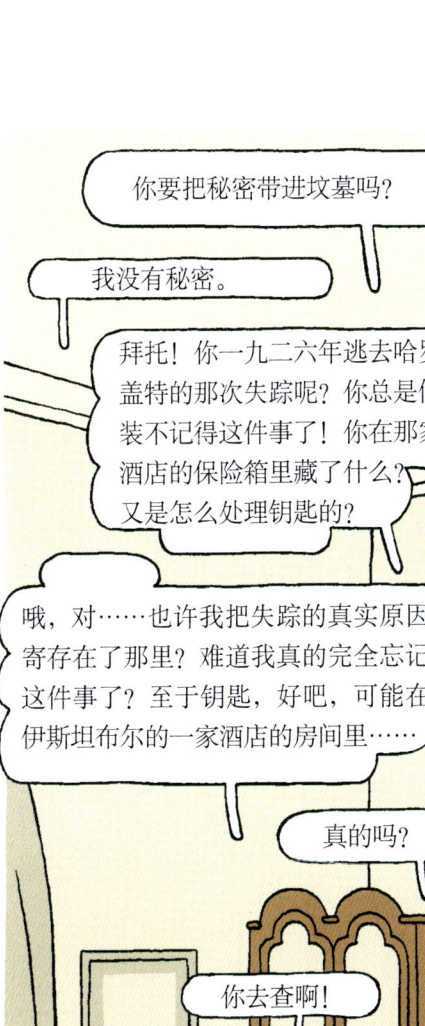

奥斯卡·柯克西卡的画室 切尔西 1968年5月8日

白金汉宫 伦敦 1971 年

文特布鲁克 1971 年 2 月

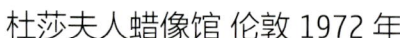

文特布鲁克 1973 年

伦敦 1974 年 5 月 23 日

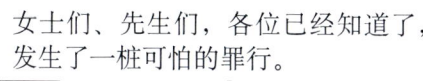

文特布鲁克 1974 年 11 月

附录一

大事记

1890 年 9 月 15 日
阿加莎·玛丽·克拉丽莎·米勒出生于德文郡的托基。她的父亲,美国人弗雷德里克·阿尔瓦·米勒是一位股票经纪人。她的母亲,英国人克拉丽斯·玛格丽特·伯默尔是一位陆军军官的女儿。夫妇俩共育有三个孩子:玛格丽特,又称"玛吉"(1879—1950);路易,蒙蒂(1880—1929)和阿加莎。

1900 年
阿加莎的哥哥蒙蒂入伍,赴南非参加布尔战争。

1901 年 11 月 26 日
阿加莎的父亲死于肺炎。其家族随后陷入经济危机。

1902 年
阿加莎在托基入学,被盖耶小姐的女子学校录取。

1902 年 9 月
玛吉嫁给了詹姆斯·瓦茨。

1906 年
阿加莎被送往巴黎完成学业。她先后在三所寄宿学校接受教育:卡本内小姐的寄宿学校,奥特伊的马洛尼寄宿学校,以及德莱登小姐的女子精修学校。在那里,她发现了酥泡芙,爱上了上面栗子味儿的奶油……

1908 年
阿加莎只花了两天就写出了人生的第一部小说,《丽人之屋》。她以马克·米勒为笔名,用姐姐的打字机完成了这部共有三十页的作品。

1910—1911 年冬
阿加莎与母亲在埃及开罗住了三个月。

1911 年 5 月 10 日
阿加莎踏上飞机,完成了自己的第一次飞行。

1912 年
阿加莎遇到了炮兵军官里吉·露西。里吉向阿加莎表达了爱意,但也给她留下足够的时间思考是否要结婚。

1912 年 10 月 12 日
阿加莎参加了一场在托基附近的楚德雷举办的舞会。舞会由克利夫德爵士及其夫人举办,在那里,她遇见了阿尔奇伯德·克里斯蒂。

1914 年 12 月 24 日
阿加莎在布里斯托嫁给了时任皇家野战炮兵中尉的阿尔奇伯德·克里斯蒂。两人在托基大饭店度了蜜月。随后,阿尔奇赶赴前线,阿加莎则成为托基红十字医院的志愿者。一九一四年至一九一六年间,她总共为医院工作了三千四百个小时。

1916 年
在与姐姐玛吉先前的打赌的推波助澜下,阿加莎决定创作自己的第一部侦探小说。住在达特穆尔莫兰德酒店的两个星期中,她完成了日后被称为《斯泰尔斯庄园奇案》的前半部分。

1917 年 4 月 30 日
阿加莎获得了由伦敦"尊贵药剂师协会"授予的药剂师(制药助理)资格证。

1919 年 8 月 5 日
阿加莎唯一的女儿在阿什菲尔德出生。罗莎琳德的名字取自莎士比亚《皆大欢喜》里的女主人公。

1919 年 8 月
阿加莎和阿尔奇带着罗莎琳德搬入位于伦敦圣约翰森林区北韦克巷五号的一所公寓。

1920 年 10 月
约翰·莱恩在美国出版了阿加莎的第一部小说(于一九一六年写成),赫尔克里·波洛正式登场。

1921 年 1 月 21 日
博得利·黑德出版公司在英国出版了《斯泰尔斯庄园奇案》。

1922 年
阿加莎与阿尔奇开始了在大英帝国自治领地为期十个月的环球旅行。

1922 年 1 月至 3 月
阿加莎行至南非,并于梅森堡海滩学会了冲浪。

1922 年 1 月
《暗藏杀机》在英国出版，汤米和塔彭丝首次出现。

1922 年 8 月
阿加莎在夏威夷的威基基海滩冲浪，冲浪板叫做弗雷德。时至今日，她被视为史上第一位女性冲浪者。

1926 年 4 月
阿加莎的母亲死于支气管炎。

1926 年 6 月
威廉·柯林斯出版社出版了《罗杰疑案》。

1926 年 12 月 3 日
母亲的离世和丈夫的不忠令阿加莎悲伤不已。晚上九点四十五分左右，她消失了。十一天后，她重新出现在约克郡。

1926 年 12 月
《每日邮报》为有关阿加莎失踪案的一切信息给出一百英镑的悬赏。

1926 年 12 月 14 日
阿加莎被发现栖身于哈罗盖特的海卓酒店——一家温泉度假村——她安全无恙。她化名特蕾莎·尼尔——丈夫情人的名字——登记入住。阿加莎·克里斯蒂宣称自己曾短暂失忆，并将不会泄露有关她离奇失踪的任何信息。

1928 年 10 月 29 日
阿加莎最终和阿尔奇离婚。

1928 年 11 月 16 日
阿尔奇与南希·尼尔结婚。

1928 年
阿加莎第一次搭乘东方快车。她参观了伊拉克的乌尔城考古遗址，并在那里遇见了考古学家马克斯·埃德加·卢西安·马洛温。

1929 年
阿加莎用自己的写书所得买下了位于切尔西克雷斯韦尔广场二十二号的别墅。她完成了第一部戏剧，将其命名为《黑咖啡》。

1929 年 9 月 20 日
阿加莎的哥哥蒙蒂在马赛死于脑溢血。

1930 年 4 月
阿加莎前六部作品中的第一部——《巨人的面包》——出版了，在这前六部作品中，阿加莎以玛丽·韦斯特马考特作为笔名。玛丽·韦斯特马考特的真实身份一直都不为世人所知，直至一九四九年由《星期日泰晤士报》揭晓。阿加莎的这一笔名来源于她的祖母玛丽·安·韦斯特。

1930 年 9 月 11 日
阿加莎和马克斯·马洛温在爱丁堡的圣库思伯特教堂完婚（根据结婚证上的地点）。阿加莎在自传中则指出两人是在圣高隆教堂完婚的。马克斯比阿加莎小十四岁。婚后两人赴各地进行考古挖掘。阿加莎每年写一至两部小说。

1931 年
阿加莎和马克斯前往埃及旅行。他们在国王谷游览了图坦卡蒙墓，并在卢克索尔的冬宫里结识了图坦卡蒙墓的发现者霍华德·卡特。

1931 年 12 月
在离开尼尼微的路上，因天气恶劣，阿加莎被困在东方快车上长达二十四小时。这次事故为她最负盛名的一部作品提供了情节和人物方面的灵感。

1932 年 6 月
英国版《死亡草》面市，书中包含十三个短篇故事，马普尔小姐首次登场。

1933 年 1 月
阿加莎参与了马克斯·马洛温在伊拉克阿尔帕契亚遗址的挖掘工作。同年，她与丈夫和罗莎琳德一起搭乘尼罗河游轮，旅途中，阿加莎入住阿斯旺的卡塔拉克特酒店（后更名为老卡塔拉克特），并在那里写下了《尼罗河上的惨案》的部分内容。

1933 年 6 月
《尼罗河上的惨案》以短篇小说的形式发表在纳什的《蓓尔美尔街》杂志上，侦探是帕克·派恩先生，而不是赫尔克里·波洛！

1934 年 1 月 1 日
英国版《东方快车谋杀案》面市。

1934 年 12 月
马洛温夫妇买下了位于沃灵福德的温特布鲁克之家。

1937 年 11 月 1 日
英国版《尼罗河上的惨案》面市。

1938 年 10 月
阿加莎以六千镑购买了德文郡达特河畔的绿廊之家，这是一片占地面积广大的乔治风格庄园。

1939 年 11 月 6 日
《无人生还》首次出版。这本书将在全球创造超过一亿册的销售神话。

1940 年 6 月
罗莎琳德与一位名叫休伯特·伯格·普理查德的英国步兵军官结婚。

1943 年 9 月 21 日
阿加莎唯一的外孙，马修·普理查德在柴郡的一家医院中出生。

1944 年 8 月
休伯特·伯格·普理查德在法国的一次战役中牺牲。

1948 年 10 月
罗莎琳德再婚，对方是安东尼·西克斯。

1950 年 4 月 2 日
阿加莎在挖掘伊拉克北部古城尼姆罗德废墟的过程中开始撰写她的自传。在这次开采中，她使用自己的护肤品清洁象牙碎片。

1950 年
阿加莎的姐姐玛格丽特·弗拉利·米勒逝世。

1952 年 10 月 6 日
《捕鼠器》在诺丁汉的皇家剧院首演即引起轰动，并一直加演，创造了最长演出记录。

1956 年 5 月
阿加莎开始环美旅行，在洛杉矶和纽约停留。《控方证人》的第六百四十五场（最终场）于六月三十日上映。

1956 年 9 月 13 日
《捕鼠器》上映第一千九百九十八场。

1957 年
阿加莎接替多罗西·L. 塞耶斯，出任侦探俱乐部主席一职。这是英国推理小说作家于一九三〇年成立的协会。

1958 年 4 月 13 日
《捕鼠器》被宣布为"全英剧院史上最长连续上映的剧目"。

1958 年夏
阿尔奇博尔德·克里斯蒂的第二任妻子南希·尼尔逝世。

1959 年
根据联合国教科文组织创立的翻译索引数据库，阿加莎·克里斯蒂的作品已被一百零三个国家翻译，累计销量超过四亿册。

1962 年 12 月 20 日
阿尔奇博尔德·克里斯蒂逝世。

1965 年 10 月 11 日
阿加莎在沃灵福德家中完成了她的自传。

1966 年秋
阿加莎的丈夫将在美国的主要城市开展一系列讲座，阿加莎随同前往。

1968 年
马克斯·马洛温受勋。

1971 年
阿加莎获得女皇伊丽莎白二世颁发的大英帝国女爵司令勋章，成为"阿加莎·克里斯蒂女爵"。

1972 年 3 月
阿加莎的蜡像进入杜莎夫人蜡像馆展览。

1975 年 8 月 6 日
公开宣布赫尔克里·波洛逝世。纽约时报发表讣告。

1975 年 9 月
英国版《帷幕：赫尔克里·波洛最后的案件》面市，作者：阿加莎·克里斯蒂。

1976 年 1 月 12 日
阿加莎·克里斯蒂女爵士逝于沃灵福德的家中。她被埋葬在乔尔西的圣玛丽教堂墓地。

1977 年 11 月
英国版《阿加莎·克里斯蒂自传》面市。

附录二 作品年表

波洛系列
《斯泰尔斯庄园奇案》，约翰·莱恩，1920 年 10 月
《高尔夫球场命案》，约翰·莱恩，1923 年
《首相绑架案》，博德利·海德，1924 年 3 月
《罗杰疑案》，柯林斯，1926 年 6 月
《四魔头》，柯林斯，1927 年 1 月
《蓝色列车之谜》，柯林斯，1928 年 3 月
《悬崖山庄奇案》，柯林斯犯罪俱乐部，1932 年 3 月
《人性记录》，柯林斯犯罪俱乐部，1933 年 9 月
《东方快车谋杀案》，柯林斯犯罪俱乐部，1934 年 1 月
《三幕悲剧》，柯林斯犯罪俱乐部，1935 年 1 月
《云中命案》，柯林斯犯罪俱乐部，1935 年 7 月
《ABC 谋杀案》，柯林斯犯罪俱乐部，1936 年 1 月
《底牌》，柯林斯犯罪俱乐部，1936 年 11 月
《尼罗河上的惨案》，柯林斯犯罪俱乐部，1937 年 11 月
《沉默的证人》，柯林斯犯罪俱乐部，1937 年 7 月
《幽巷谋杀案》，柯林斯犯罪俱乐部，1937 年 3 月，由四部短篇小说组成：《死者的镜子》《罗德岛三角》《不可思议的窃贼》《幽巷谋杀案》
《死亡约会》，柯林斯犯罪俱乐部，1938 年 5 月
《波洛圣诞探案记》，柯林斯犯罪俱乐部，1938 年 12 月
《H 庄园的午餐》，柯林斯犯罪俱乐部，1940 年 3 月
《牙医谋杀案》，柯林斯犯罪俱乐部，1940 年 11 月
《阳光下的罪恶》，柯林斯犯罪俱乐部，1941 年 6 月
《五只小猪》，柯林斯犯罪俱乐部，1943 年 1 月
《空幻之屋》，柯林斯犯罪俱乐部，1946 年 11 月
《赫尔克里·波洛的丰功伟绩》，柯林斯犯罪俱乐部，1947 年 9 月，以希腊神话中与自己同名的大力士的十二项伟业命名的短篇故事集
《致命遗产》，柯林斯犯罪俱乐部，1948 年 11 月
《清洁女工之死》，柯林斯犯罪俱乐部，1952 年 3 月
《葬礼之后》，柯林斯犯罪俱乐部，1953 年 5 月
《山核桃大街谋杀案》，柯林斯犯罪俱乐部，1955 年 10 月

《弄假成真》，柯林斯犯罪俱乐部，1956 年 11 月
《鸽群中的猫》，柯林斯犯罪俱乐部，1959 年 11 月
《雪地上的女尸》，柯林斯犯罪俱乐部，1960 年 10 月，由六部短篇小说组成，其中五部为赫尔克里·波洛系列：《雪地上的女尸》《西班牙箱子之谜》《弱者的愤怒》《二十四只黑画眉》《梦境》
《怪钟疑案》，柯林斯犯罪俱乐部，1963 年 11 月
《第三个女郎》，柯林斯犯罪俱乐部，1966 年 11 月
《万圣节前夜的谋杀》，柯林斯犯罪俱乐部，1969 年 11 月
《大象的证词》，柯林斯犯罪俱乐部，1972 年 11 月
《蒙面女人》，柯林斯犯罪俱乐部，1974 年 9 月，由十八部短篇小说组成：《胜利舞会奇案》《克拉珀姆厨师失踪案》《康沃尔谜案》《约翰尼·韦弗利历险记》《双重线索》《梅花 K 奇遇记》《勒梅热勒的遗产》《失踪的矿山图纸》《普利茅斯快车谋杀案》《巧克力盒谜案》《潜艇图纸失窃案》《第三层套间疑案》《双重罪恶》《贝辛市场奇案》《蜂窝谜案》《蒙面女人》《海上谜案》《花园疑案》
《帷幕》，柯林斯犯罪俱乐部，1975 年 9 月
《神秘的第三者》，哈珀柯林斯，1991 年 11 月，其中两部短篇小说为赫尔克里·波洛系列：《黄色蝴蝶花》《锣声再起》
《灯火阑珊》，哈珀柯林斯，1997 年 8 月，其中两部短篇小说为赫尔克里·波洛系列：《圣诞历险记》《巴格达箱子之谜》
《黑咖啡》，由查尔斯·奥斯本根据阿加莎·克里斯蒂创作于一九三〇年的戏剧改编的小说，哈珀柯林斯，1998 年 11 月
此外：《零点》中巴特尔警监曾提起赫尔克里·波洛，《犯罪团伙》中汤米和塔彭丝也提起过他。

马普尔小姐系列
《寓所谜案》，柯林斯犯罪俱乐部，1930 年 10 月
《死亡草》，柯林斯犯罪俱乐部，1932 年 6 月，由十三篇短篇小说组成：《周二夜间俱乐部》《阿斯塔特的圣坛》《金块》《血染人行道》《机会与动机》《圣彼得的拇指印》《蓝色的天竺葵》《伴护》《四个嫌疑犯》《圣诞节惨案》《死亡草》《班格楼事件》《溺死》
《藏书室女尸之谜》，柯林斯犯罪俱乐部，1942 年 5 月
《魔手》，柯林斯犯罪俱乐部，1943 年 6 月
《谋杀启事》，柯林斯犯罪俱乐部，1950 年 6 月
《借镜杀人》，柯林斯犯罪俱乐部，1952 年 11 月
《黑麦奇案》，柯林斯犯罪俱乐部，1953 年 11 月
《命案目睹记》，柯林斯犯罪俱乐部，1957 年 11 月
《破镜谋杀案》，柯林斯犯罪俱乐部，1962 年 11 月
《加勒比海之谜》，柯林斯犯罪俱乐部，1964 年 11 月
《伯特伦旅馆》，柯林斯犯罪俱乐部，1965 年 11 月
《复仇女神》，柯林斯犯罪俱乐部，1971 年 11 月
《沉睡谋杀案》，柯林斯犯罪俱乐部，1976 年 10 月

汤米和塔彭丝系列
《暗藏杀机》，约翰·莱恩，1922 年 1 月

《犯罪团伙》，柯林斯犯罪俱乐部，1929 年 9 月，由十八篇短篇小说组成：《犯罪团伙》《公寓精灵》《一壶清茶》《粉色珍珠绯闻》《阴险的陌生人历险记》《小牌戏老 K》《披挂报纸的绅士》《失踪女士迷案》《盲人魔法》《迷雾魅影》《假钞悬案》《太阳谷之谜》《杀机暗伏的房子》《无懈可击的伪证》《牧师的女儿》《红房子》《大使的靴子》《代号十六的男人》

《桑苏西来客》，柯林斯犯罪俱乐部，1941 年 11 月
《煦阳岭的疑云》，柯林斯犯罪俱乐部，1968 年 11 月
《命运之门》，柯林斯犯罪俱乐部，1973 年 10 月

其他及非系列
《褐衣男子》，博德利·海德，1924 年 8 月
《烟囱别墅之谜》，博德利·海德，1925 年 6 月
《七面钟之谜》，柯林斯犯罪俱乐部，1929 年 1 月
《斯塔福特疑案》，柯林斯犯罪俱乐部，1931 年 9 月
《悬崖上的谋杀》，柯林斯犯罪俱乐部，1934 年 9 月
《逆我者亡》，柯林斯犯罪俱乐部，1939 年 6 月
《无人生还》，柯林斯犯罪俱乐部，1939 年 11 月
《零点》，柯林斯犯罪俱乐部，1944 年 7 月
《死亡终局》，柯林斯犯罪俱乐部，1945 年 3 月
《闪光的氰化物》，柯林斯犯罪俱乐部，1945 年 12 月
《怪屋》，柯林斯犯罪俱乐部，1949 年 5 月
《他们来到巴格达》，柯林斯犯罪俱乐部，1951 年 3 月
《地狱之旅》，柯林斯犯罪俱乐部，1954 年 11 月
《奉命谋杀》，柯林斯犯罪俱乐部，1958 年 11 月
《灰马酒店》，柯林斯犯罪俱乐部，1961 年 11 月
《长夜》，柯林斯犯罪俱乐部，1967 年 10 月
《天涯过客》，柯林斯犯罪俱乐部，1970 年 9 月

以玛丽·韦斯特马考特为笔名发表的作品
《巨人的面包》，柯林斯犯罪俱乐部，1930 年 4 月
《半成画像》，柯林斯犯罪俱乐部，1934 年 3 月
《消失于春天》，柯林斯犯罪俱乐部，1944 年 8 月
《玫瑰与紫杉》，威廉·海涅曼，1948 年 11 月
《母女情长》，威廉·海涅曼，1952 年 11 月
《负担》，威廉·海涅曼，1956 年 11 月
《漂浮的上将》，霍德和斯托顿，1931 年 12 月，与多萝西·L. 塞耶斯合著

诗歌
《梦之路》，杰弗里·布莱斯，1925 年 1 月
《星光闪耀伯利恒》，柯林斯犯罪俱乐部，1965 年 11 月
《诗》，柯林斯犯罪俱乐部，1973 年 10 月

随笔和自传
《情牵叙利亚》,柯林斯犯罪俱乐部,1946 年 11 月
《阿加莎·克里斯蒂自传》,柯林斯犯罪俱乐部,1977 年 11 月

AGATHA LA VRAIE VIE D'AGATHA CHRISTIE
Copyright © Hachette Livre (Marabout), Paris, 2014
Toute reproduction d'un extrait quelconque de ce livre, par quelque procédé que ce soit, et notamment par photocopie ou microfilm, est interdite sans autorisation écrite de l'éditeur.
Chinese (in Simplified character only) translation rights reserved by NEW STAR PRESS
All rights reserved.

著作版权合同登记号：01-2017-8380

图书在版编目（CIP）数据

阿加莎·克里斯蒂的真实人生／（法）安娜·马丁内蒂，（法）纪尧姆·勒博著，（法）亚历山大·弗朗绘；程卓，张园园译. ——北京：新星出版社，2018.4（2022.4重印）

ISBN 978-7-5133-2950-7

Ⅰ.①阿… Ⅱ.①安… ②纪… ③亚… ④程… ⑤张… Ⅲ.①克里斯蒂(Christie, Dame Agatha 1890-1976)-传记-通俗读物 Ⅳ.①K835.615.6

中国版本图书馆CIP数据核字（2017）第312675号

阿加莎·克里斯蒂的真实人生

（法）安娜·马丁内蒂（法）纪尧姆·勒博 著；（法）亚历山大·弗朗 绘
程卓 张园园 译

责任编辑：王 欢
特约编辑：赵笑笑
责任印制：李珊珊
装帧设计：冷暖儿

出版发行：新星出版社
出 版 人：马汝军
社　　址：北京市西城区车公庄大街丙3号楼　100044
网　　址：www.newstarpress.com
电　　话：010-88310888
传　　真：010-65270449
法律顾问：北京市岳成律师事务所

读者服务：010-88310800　　service@newstarpress.com
邮购地址：北京市西城区车公庄大街丙3号楼　100044

印　　刷：北京华联印刷有限公司
开　　本：787mm×1092mm　1/16
印　　张：8
字　　数：53千字
版　　次：2018年4月第一版　2022年4月第四次印刷
书　　号：ISBN 978-7-5133-2950-7
定　　价：98.00元

版权专有，侵权必究；如有质量问题，请与出版社联系调换。